Beautiful Scars
Hermosas Cicatrices

Beautiful Scars • Hermosas Cicatrices

ISBN-13: 978-1499360783
ISBN-10: 1499360789

Book Website
www.teamlolaonline.com/scars
Email: contact@teamlolaonline.com

Give feedback at:
feedback@teamlolaonline.com

Printed in U.S.A

Beautiful Scars

Hermosas cicatrices

Photos, Quotes & Introduction by
Fotografías, Citas e Introducción por   Paola "Lola" Montilla Serrano

Forewords by
Prefacios por   Cyd Marie Fleming & Marina Peña

Dedication

This book is dedicated to my heart friends Dana & Dalton. May you never forget how amazing and beautiful you are. You are stronger and braver than many out there. We are the lucky ones. We've been given a chance to face our insecurities and fears and we've been rewarded with the most precious gifts ever: love, life and health.

And to all the other heart warriors I've met through this journey, and the ones I haven't yet had the chance to meet. Stay strong. Stay brave.

Dedicatoria

Este libro está dedicado a mis amigos del corazón, Dana & Dalton. Nunca olviden lo hermosos y maravillosos que son. Son más fuertes y más valientes que muchas otras personas comunes. Somos los más dichosos. Se nos ha dado la oportunidad de afrontar nuestras inseguridades y temores y nos han premiado con los más preciados regalos: amor, vida y salud.

Y a todos los otros guerreros de corazón que he conocido en mi travesía, y a los que todavía no he tenido la oportunidad de conocer. Manténganse fuertes. Manténganse valientes.

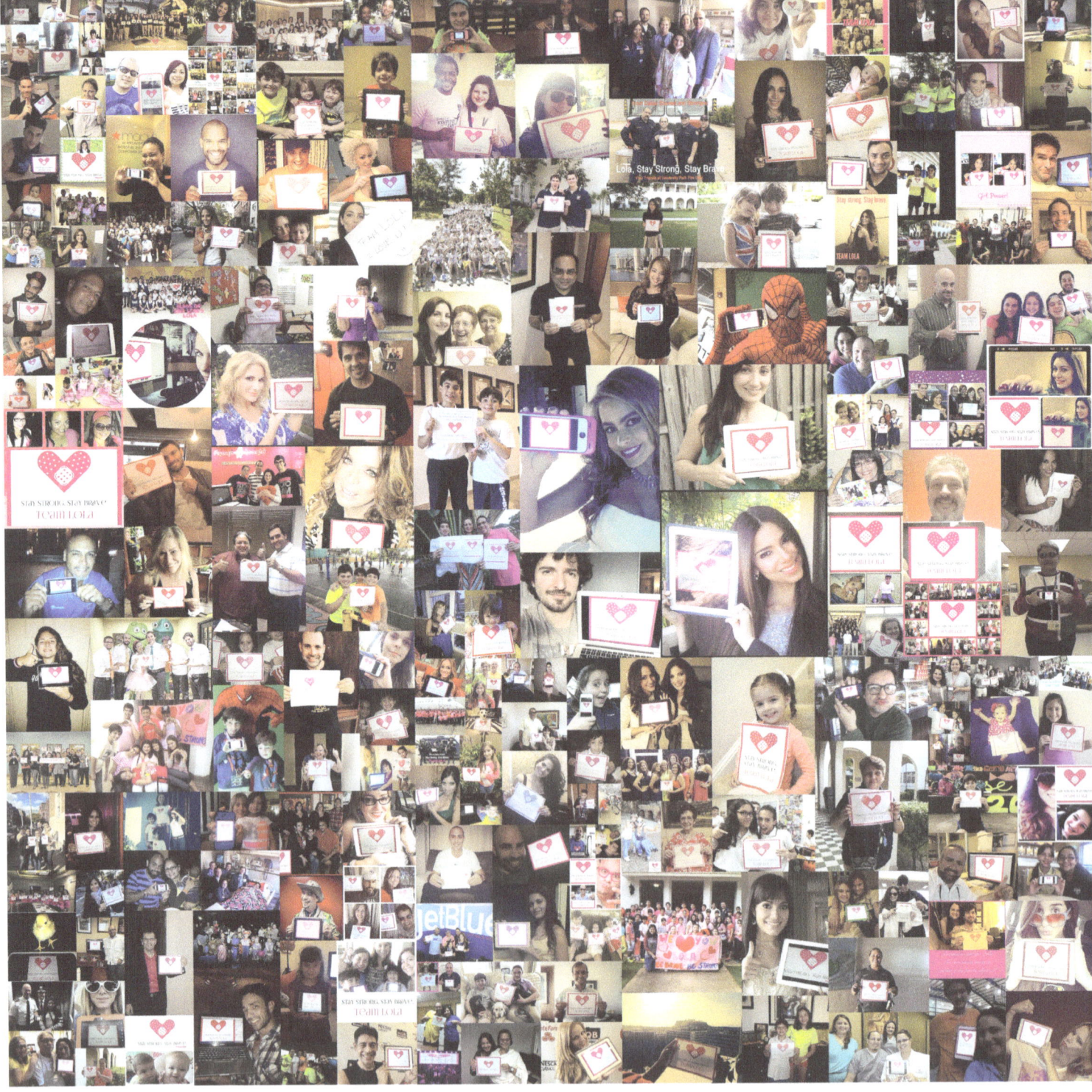

Acknowledgments

I wish to thank the best support group ever: my Team Lola. I don't have enough words to thank you for all your prayers, your beautiful messages and your support. From Puerto Rico, to the U.S., to France, Spain, Switzerland, India, Greece, Lebanon and beyond. I never felt alone in my journey, because I had all of you with me. I also wish to thank my amazing Robinson School family. I wish to particularly thank, Cyd Marie and Marina. Cyd, you helped me share my story. Marina, you helped me confirm that inspiring and empowering others is what I want to do.

Thanks to all my doctors, specially cardiologists, Dr. Rafael Villavicencio, Dr. Patrick O' Leary and the man who fixed my broken heart, cardiac surgeon Dr. Joseph Dearani. I also want to thank my parents for having by back during the good times and the bad, I know it must have been hard, but we got through it together. Same goes to my brother Fonso, for being strong for me. You were with me every step of the way. Even when I couldn't see you, your music kept me company, and got me through my darkest days.

And I want to thank you, who are reading my book, for helping me share my pictures, my message and my mission. Thank you.

Agradecimientos

Quiero darle las gracias al mejor grupo de apoyo del mundo: mi Team Lola. No tengo suficientes palabras para agradecerles a todos sus oraciones, sus hermosos mensajes, y su apoyo. Recibí apoyo desde Puerto Rico, hasta los Estados Unidos, Francia, España, Suiza, India, Grecia, Líbano y muchos más países. Nunca me sentí sola en mi travesía, porque los tenía a todos ahí conmigo. También quiero darle las gracias a mi extraordinaria familia de Robinson School. Quiero agradecer especialmente, a Cyd Marie y a Marina. Cyd, me ayudaste a compartir mi historia. Marina, me ayudaste a confirmar cuánto quiero inspirar y apoderar a los demás.

Gracias a todos mis doctores, especialmente a los cardiólogos Dr. Rafael Villavicencio, Dr. Patrick O' Leary y al hombre que arregló mi corazón roto, el cirujano Dr. Joseph Dearani. También quiero darle gracias a mis padres por no abandonarme nunca, en las buenas y en las malas. Sé que debe haber sido difícil, pero lo superamos juntos. Igual a mi hermano Fonso, por ser fuerte por mí. Estuviste ahí conmigo en todo momento. Aún cuando no te tenía cerca, tu música me acompañó durante mis momentos más difíciles.

Y te quiero dar gracias a ti, que tienes mi libro, por ayudarme a compartir mis fotos, mi mensaje y mi misión. Gracias.

FOREWORD

WHEN I THINK OF LOLA, beauty comes to mind, but not in the sense that society wants to instill on us, but the one we should all aspire to; the kind of beauty that is priceless, but is the most coveted, and that's because the real appeal of the human being is not in the physical but in the soul, Paola Sofía Montilla Serrano (Lola) learned that at a very young age.

We always speak about the brevity of life and how vulnerable we are. But while that may be true, it must also be said that at any moment we might face adversity. When we're young and enjoy all the hope in the world - that energy that moves the soul and inspires great dreams - we do not think that we might face adversity. Much less, that we may face a setback that forces us to pause our everyday life, and find a mark painted on our body to remind us how susceptible we really are.

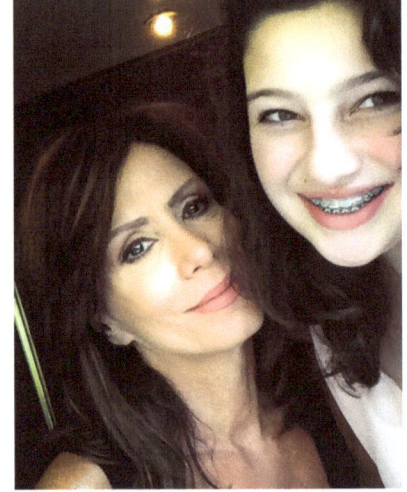

With this book, Lola uses the experiences and scars left on her body, to carry a clear and direct message to young people to not be pressured by the stereotypes that society wishes to wrongly impose, and that are so damaging to their health and self-esteem.

During my life, I have learned that every person has an inner nature that makes them unique; even more than the physical traits and the singularity of the face.

When I met Lola, I reaffirmed that lesson, I was surprised by the fullness that exists between her inner world and her outer world. I saw in it, the power of a spirit hungry to transform her life experience into wisdom - precisely - for that outside world in which she moves. That is precisely what Lola has achieved with this book.

I invite you to explore in these pages, the process where she has renounced frivolity - that socially, is like a doctrine to many - and thus paint onto her body, traces of an inner strength like no other. At the end of this reading, I assure you that you will agree with me and Lola: there is no reason to not choose to overcome the difficult moments in life and be happy.

Cyd Marie Fleming
Anchor woman Univisión Puerto Rico and award winning journalist

Prefacio

Cuando pienso en Lola, viene a mi mente la belleza, pero no en el concepto que la sociedad nos quiere inculcar, sino al que todos deberíamos aspirar; la belleza que no tiene precio, pero que es la más codiciada, y es que el verdadero atractivo del ser humano no está en el físico, sino en el alma, eso lo aprendió Paola Sofía Montilla Serrano (Lola), a muy temprana edad.

Siempre nos hablan sobre la brevedad de la vida y lo vulnerables que somos. ¿A quién no le han dicho que estamos prestados? Pero si bien es cierto eso, también hay que decir que casi nadie se toma el tiempo de pensar que en cualquier momento la adversidad puede llegar. Cuando se es joven y se goza de todo el ánimo del mundo - esa energía que mueve el alma e inspira grandes sueños - no nos pasa por la mente cómo sería no estar bien. Menos aún, que nos llegue un revés que nos obligue a hacer una pausa en lo que hacemos todos los días, y una marca se pinte en nuestro cuerpo para recordarnos lo susceptibles que en verdad somos.

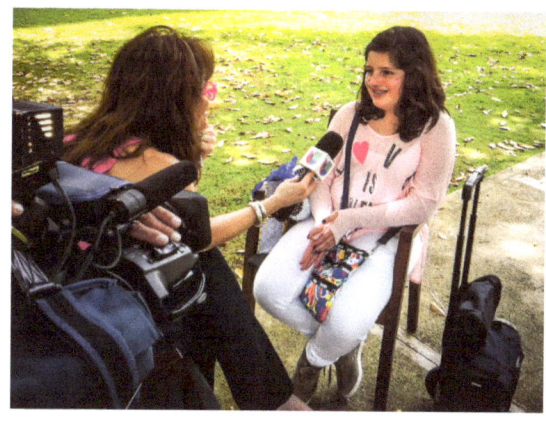

Con este libro, Lola utiliza las experiencias vividas y las cicatrices que han quedado en su cuerpo, para llevar un mensaje claro, directo y contundente a los jóvenes para que no se dejen presionar por los estereotipos que la sociedad quiere imponer erróneamente, y que tanto daño le causa a la autoestima y la salud.

Durante mi vida he aprendido que cada persona tiene una naturaleza interior que los hace únicos; incluso más que los rasgos físicos y que la singularidad del rostro.

Cuando conocí a Lola, reafirmé esa lección aprendida, me sorprendió la plenitud que existe entre su mundo interno y su mundo exterior. Vi en ella la fuerza de un espíritu con hambre de convertir su experiencia de vida en sabiduría - precisamente - para ese mundo exterior en el que se desenvuelve. Eso es justamente lo que Lola ha logrado con este libro.

Les invito a explorar en sus páginas ese proceso en el que se ha renunciado a la frivolidad - que socialmente para muchos es como una doctrina - y así pintar en su cuerpo los trazos de una fuerza interior sin igual. Al final de esta lectura les aseguro que estarán de acuerdo conmigo y con Lola: No hay razón para no optar por superar los momentos difíciles en la vida y ser feliz.

Cyd Marie Fleming
Mujer ancla Univisión Puerto Rico y galardonada periodista

FOREWORD

ONE OF THE BIGGEST CHALLENGES, our teens have to deal with these days is having the courage to "be themselves," particularly when their image doesn't meet others' expectations and they're even invited to resign their values to be accepted, an acceptance that with time, robs them of their liberty and authenticity. Those who have the courage to stand

up to this kind of pressure and decide to be themselves, many times risk becoming victims of rejection, of being made fun of or isolated from their group. This is where our young boys and girls need to understand that it's worth to fight for what they want and for who they are, because every time they face a battle in life, they come out stronger.

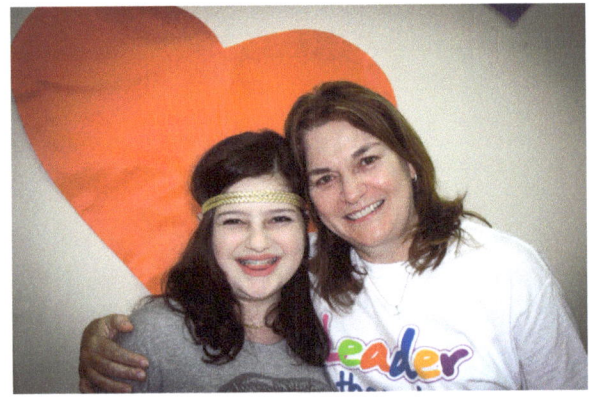

I had the opportunity of meeting Lola and listening to her testimony and was amazed how at such a young age, life had already taught her a lesson that would leave a mark that would accompany forever. That which she calls "my trophy" is that scar that saved her life and which she wears with pride, showing the world that within adversity lies opportunity, if you have a good attitude. The pain allowed her to find the love of all of those around her, her vulnerability made her discover her own strength and adversity made her discover herself and reaffirm her own sense of self. Maybe young boys and girls today need more Lolas in the world, models where their beauty emerges from their authenticity and their self-respect is capable of inspiring others with love's strength.

This book is a gift from Lola to all our youth, even those who have not had the pleasure of meeting her, it's a marvelous opportunity to connect with her and be inspired to be themselves, without fear of rejection, learning from her life experience that being yourself is ok and that everyone has the opportunity of discovering their inner strength to face any situation.

Her story is also a message for the parents, where she reminds them the importance of family in the life of a teen, especially, when faced with difficulty and they know that they can count on someone who values them and supports them unconditionally.

Thank you Lola for being a voice for many who remain silent.

Marina Peña
Workshop facilitator, author and international speaker

Prefacio

UNO DE LOS RETOS MÁS GRANDES, al que se enfrentan los jóvenes en el mundo de hoy es tener la valentía de "ser ellos mismos", sobre todo cuando su imagen no corresponde a lo que se espera de ellos y se les invita inclusive a renunciar a sus valores para ser aceptados, una aceptación que les roba con el tiempo la libertad y su autenticidad. Aquellos que tienen la valentía de renunciar a esta presión y deciden ser ellos mismos, muchas veces se arriesgan a ser víctimas del rechazo, de la burla o del aislamiento dentro de su grupo. Es aquí donde los jóvenes necesitan comprender que vale la pena luchar por lo que quieres y por lo que son, porque cada vez que enfrentan una batalla en la vida logran salir cada vez más fortalecidos.

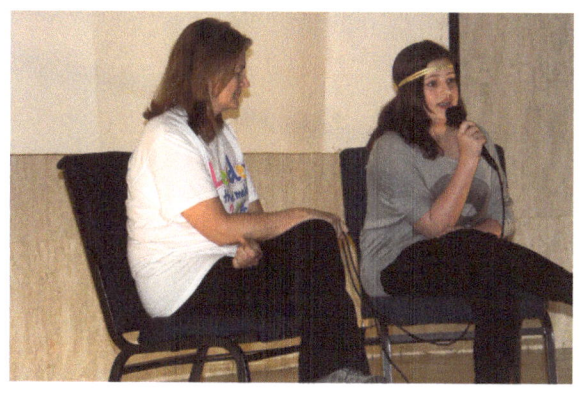

Tuve la oportunidad de conocer a Lola y de escuchar su testimonio y quedé asombrada cómo en tan corta edad, la vida misma ya le había dado una lección que dejaría una marca que la acompañaría por siempre. Eso que ella llama "mi trofeo" es esa cicatriz que le salvó la vida y la lleva con orgullo mostrándole al mundo que las adversidades son una oportunidad, si tienes una buena actitud. El dolor le permitió encontrarse con el amor de todos a su alrededor, su vulnerabilidad le hizo descubrir su fortaleza y la adversidad le hizo descubrirse a ella misma y reafirmar su propia imagen. Quizás los jóvenes de hoy necesitan más Lolas en el mundo, modelos a seguir donde su belleza surge de su autenticidad y su amor propio es capaz de inspirar a los demás con la fuerza del amor.

Este libro es un regalo de Lola para todos los jóvenes, inclusive para aquellos que no tienen el gusto de conocerla, es una maravillosa oportunidad para conectarse con ella e inspirarlos a ser ellos mismos, sin temor al rechazo, aprendiendo de su experiencia de vida que nos enseña que ser uno mismo está bien y que todos tienen la oportunidad de descubrir la fuerza interior para enfrentar cualquier situación.

Su testimonio es también un mensaje para los padres, donde les recuerda la importancia que tiene la familia en la vida de un joven, sobre todo, cuando se enfrenta a la dificultad y saben que cuentan con alguien que les valora y les apoya incondicionalmente.

Gracias, Lola, por ser una voz para muchos que guardan silencio.

Marina Peña
Facilitadora de foros, autora y conferenciante internacional

Introduction

Young girls and teens want to look and be "perfect". This is the age group that starts feeling more grown up and wants to impress with their appearance and the way they are. Teens want to be like that "cover girl" everyone loves, so they have their minds set that their body type or shape is not the correct one, or that they have to be "skinny." Their hair has to be wonderful and their teeth have to be perfect; their legs have to be long and tan. In other words, they want to be - not perfect, because that is beyond perfect. They want to be "Barbie."

I used to think beauty was being thin or skinny, wearing beautiful clothes everywhere, not having any flaws like stretch marks, scratches, scabs or scars, having long volumized hair and looking "perfect." Like many other girls, I failed at that. I had my share of stretch marks, I used to scratch my legs, hence the scabs and scars. Because my exercise was limited, I was chubby, rather than long, lean and athletic. But that's ok. My definition of beauty is different now.

When I saw pictures of myself from a couple of years ago, I used to think things like "why?" "Did I honestly wear that?" or "What's that double chin doing there?" But lately, those thoughts have changed. I look at old pictures and think "that's not me anymore," or "where's my scar?" Sometimes, I even think, "wow, I sure am a new girl." Your eyes see what's happening in front of you, but because you don't take the time, you don't listen to your mind and think about what happened before.

Beauty is no longer limited by my size, my re-growing hair, or my scars, because I have plenty of those. Beauty is not anything I would have thought it was before, and sometimes, I even regret having had that old definition some time ago. My definition of beauty has definitely changed: from "perfect" to "yourself." But it didn't change only my perception, it changed my life - drastically.

For some time now, I've been using my scar as my "writing board" or canvas, because I want to show everybody that I am perfectly fine with scars and my body, just as it is.

So many people take beautiful things and turn them into something ugly. I decided to turn things around. I wanted to take my scar and make beautiful things around it. I have always been taking pictures of myself and one day, I had this eyeliner pencil before me and looking at my scar, I wrote my name on it and decided to own it. Just like having my heart surgery took my sick body, and turned it into something beautiful, I want my messages to inspire others who, like me, were born with congenital heart defects, but also want to motivate others whose scars you may not see.

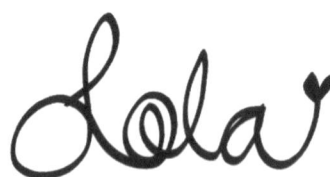

Introducción

Las niñas, las adolescentes y las jóvenes quieren verse y ser "perfectas". Esta es la edad en que queremos sentirnos "grandes" y queremos impresionar con nuestra apariencia y la forma en que nos vemos. Las adolescentes quieren ser esa chica de portada que todos adoran y piensan que su cuerpo no tiene la forma correcta o que tienen que ser "flacas". Su pelo tiene que ser maravilloso, sus dientes perfectos, sus piernas largas y bronceadas. En otras palabras, quieren ser algo que no es perfecto, porque eso va más allá de la perfección. Quieren ser "Barbie".

Yo antes pensaba que belleza era ser delgada, usar ropa bonita, no tener defectos como: estrías, rasguños, heridas o cicatrices. Como muchas niñas, fallé. Tengo estrías. Y como me rascaba las piernas, también tengo las marcas y cicatrices. Porque mi ejercicio era limitado, era llenita, en lugar del larga, delgada y atlética. Pero está bien, porque mi definición de belleza es distinta hoy.

Cuando veía las fotos mías de hace algunos años, pienso: "¿Qué? ¿En serio me vestía así? ¿Qué hace esa papada ahí?" Pero, últimamente, esos pensamientos han cambiado. Ahora veo esas fotos y pienso: "Esa no soy yo" o "¿Dónde está mi cicatriz?" A veces, hasta pienso: "¡Wow! ¡De verdad soy una nueva persona! Tus ojos ven lo que sucede frente a ti, pero... ¿por qué no te tomas el tiempo, no escuchas a tu mente y piensas sobre lo que sucedió antes?"

La belleza ya no está limitada por mi tamaño, ni por el pelo (que me ha vuelto a crecer) o por mis cicatrices (porque de esas tengo bastantes). Ser "bella" no es nada de lo que yo antes pensaba que era y, a veces, me arrepiento de haber creído antes en esa definición. Mi definición de belleza ha cambiado de "ser perfecta" a "ser ti misma." Pero no solo cambió mi percepción, cambió mi vida drásticamente.

Desde hace algún tiempo, he estado usando mi cicatriz como "pizarra" porque quiero mostrarle a todo el mundo que estoy perfectamente feliz con mis cicatrices y mi cuerpo, tal y como es.

Tantas personas toman cosas bonitas y las convierten en cosas feas. Yo decidí cambiar las cosas. Quería mostrar mi cicatriz y hacer cosas bonitas con ella. Siempre me he tomado fotos -"selfies"- y un día tenía este lápiz de ojos, miré mi cicatriz, escribí mi nombre en ella y decidí aceptarla y hacerla mía. Al igual que la cirugía sanó mi cuerpo enfermo y lo catapultó en algo hermoso, quiero que mis mensajes inspiren a otros que, como yo, nacieron con defectos cardíacos congénitos. Además, quiero motivar a todos aquellos cuyas cicatrices no se ven...

Lola

Beautiful Scars

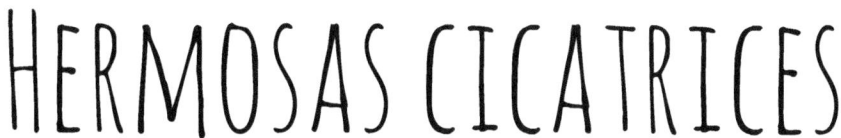

Hermosas cicatrices

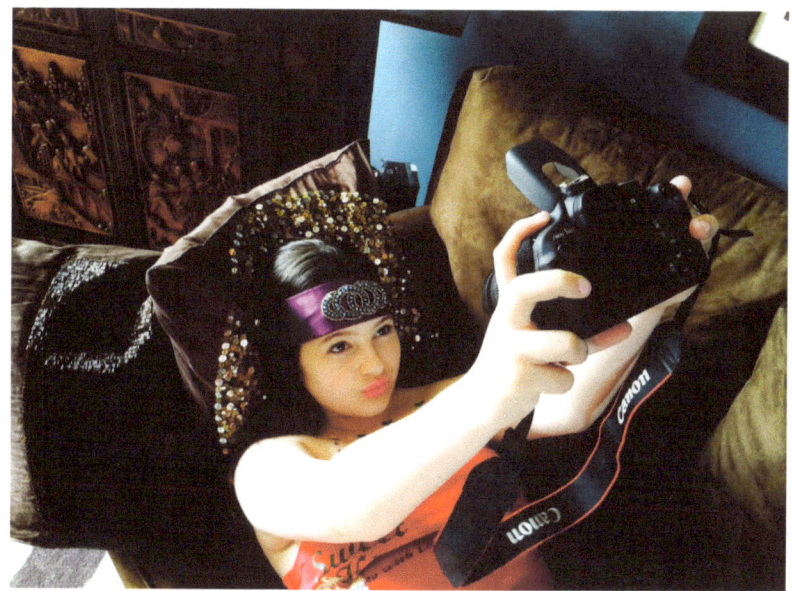

About this Book

I wrote this book in English and Spanish because I want all my heart friends to be able to read these messages and be inspired. Additionally, when looking at these pictures, know that they are not professional pictures. These are "selfies." Like me, they might not be what you call perfect. I think selfies show the way you see yourself, and I took these pictures to show my scar, and how I see it. What's important is not how others see you, but how you see yourself...and your beautiful scars.

Sobre este Libro

Escribí este libro en español e inglés porque quiero que todos mis amigos de corazón puedan leer estos mensajes y ser inspirados por ellos. Además, cuando mires estas fotos, quiero que sepas que no son fotos profesionales. Son "selfies," autorretratos. Como yo, puede que no sean lo que tú llamarías perfecto. Creo que los "selfies" le muestran al mundo cómo te ves. Tomé estas fotos para mostrar mi cicatriz como yo la veo. Lo importante no es cómo otros te ven, sino cómo te ves a ti mismo... y a tus hermosas cicatrices.

This is a part of me, that you're never ever gonna take away from me.

. . .

Esta es una parte de mí, que nunca jamás me podrán quitar.

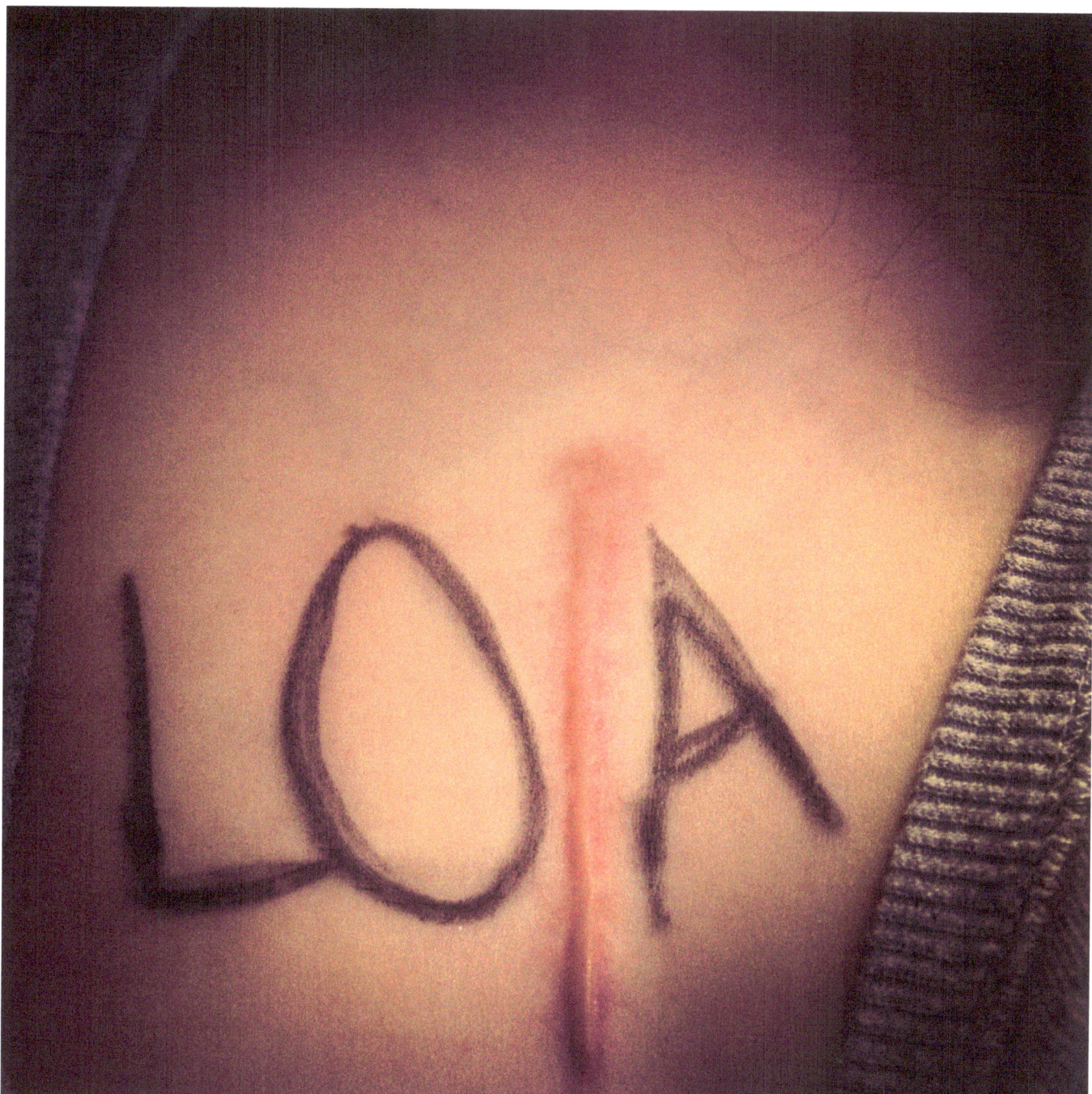

I DON'T NEED TO KNOW WHAT YOU THINK OF MY BODY. I KNOW WHAT I HAVE, I KNOW WHO I AM, AND I KNOW WHAT I AM. FLAWLESS.

. . .

NO NECESITO SABER LO QUE PIENSAS DE MI CUERPO. SÉ LO QUE TENGO. SÉ QUIÉN SOY Y SÉ LO QUE SOY: IMPECABLE.

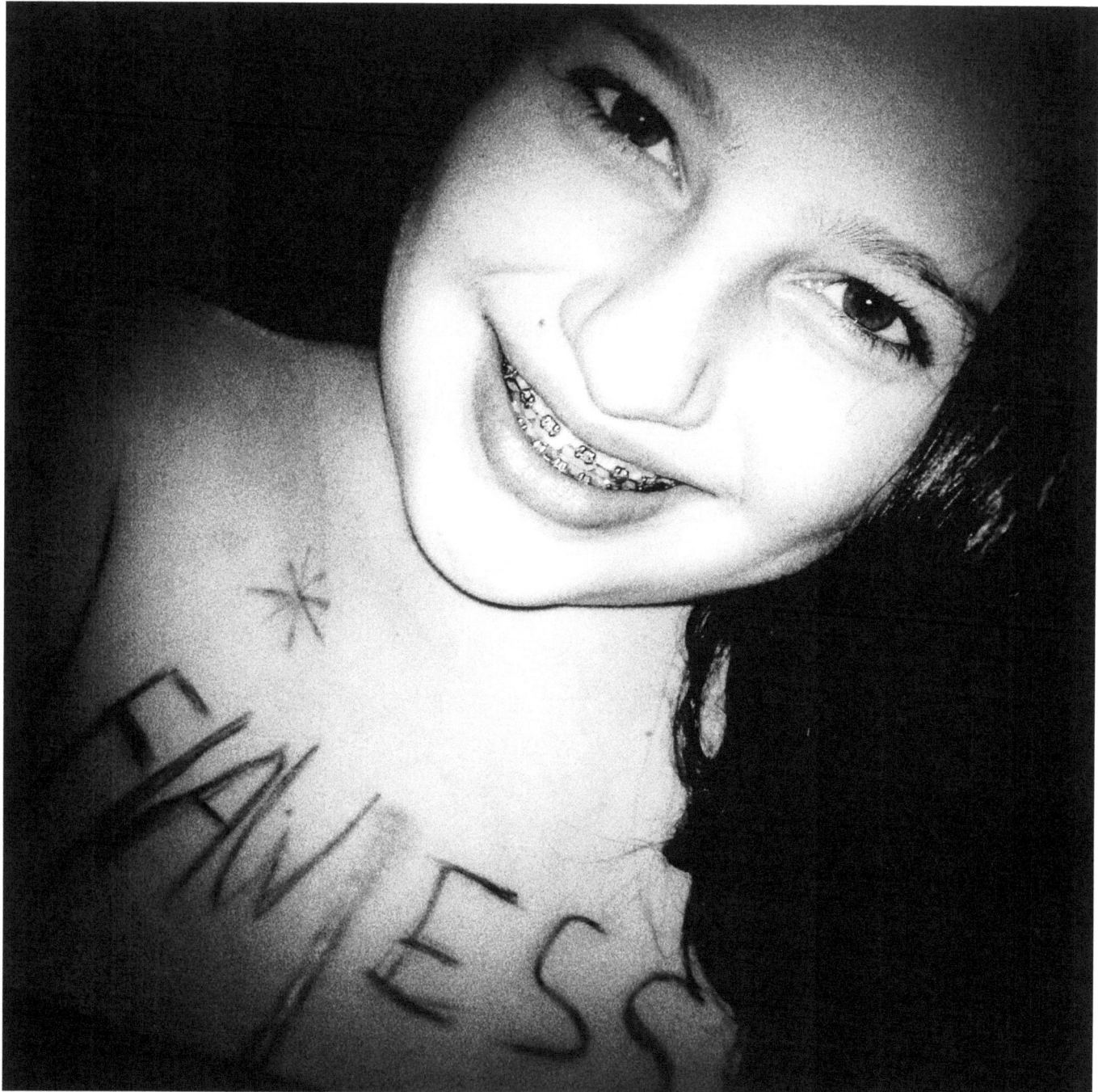

Destiny is where your heart takes you.

. . .

Tu destino es donde tu corazón te lleve.

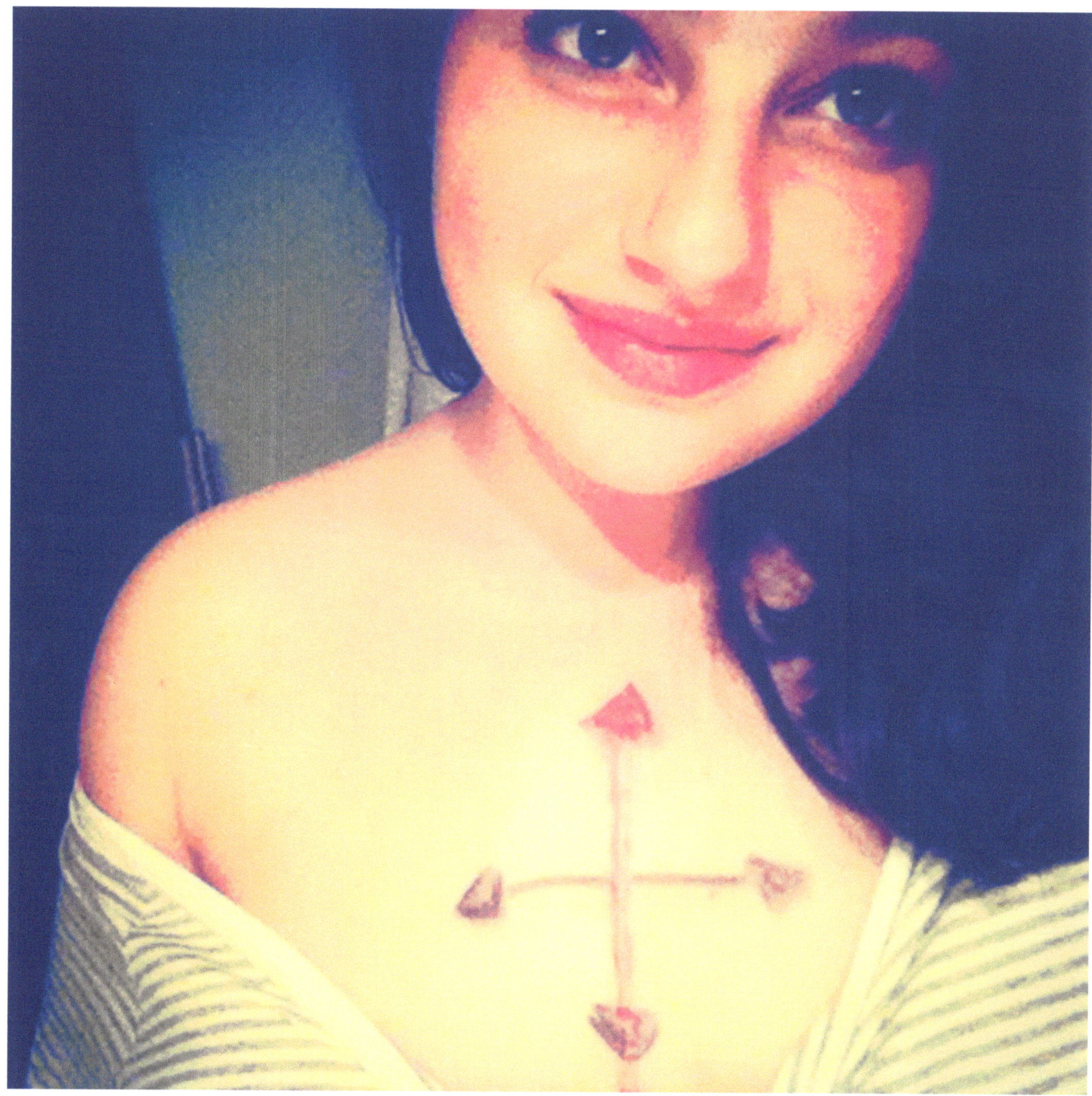

When everything else is falling down, faith is there to pick you up.

. . .

Cuando todo tu alrededor se está cayendo, siempre puedes contar con la fe que hay en ti para levantarte.

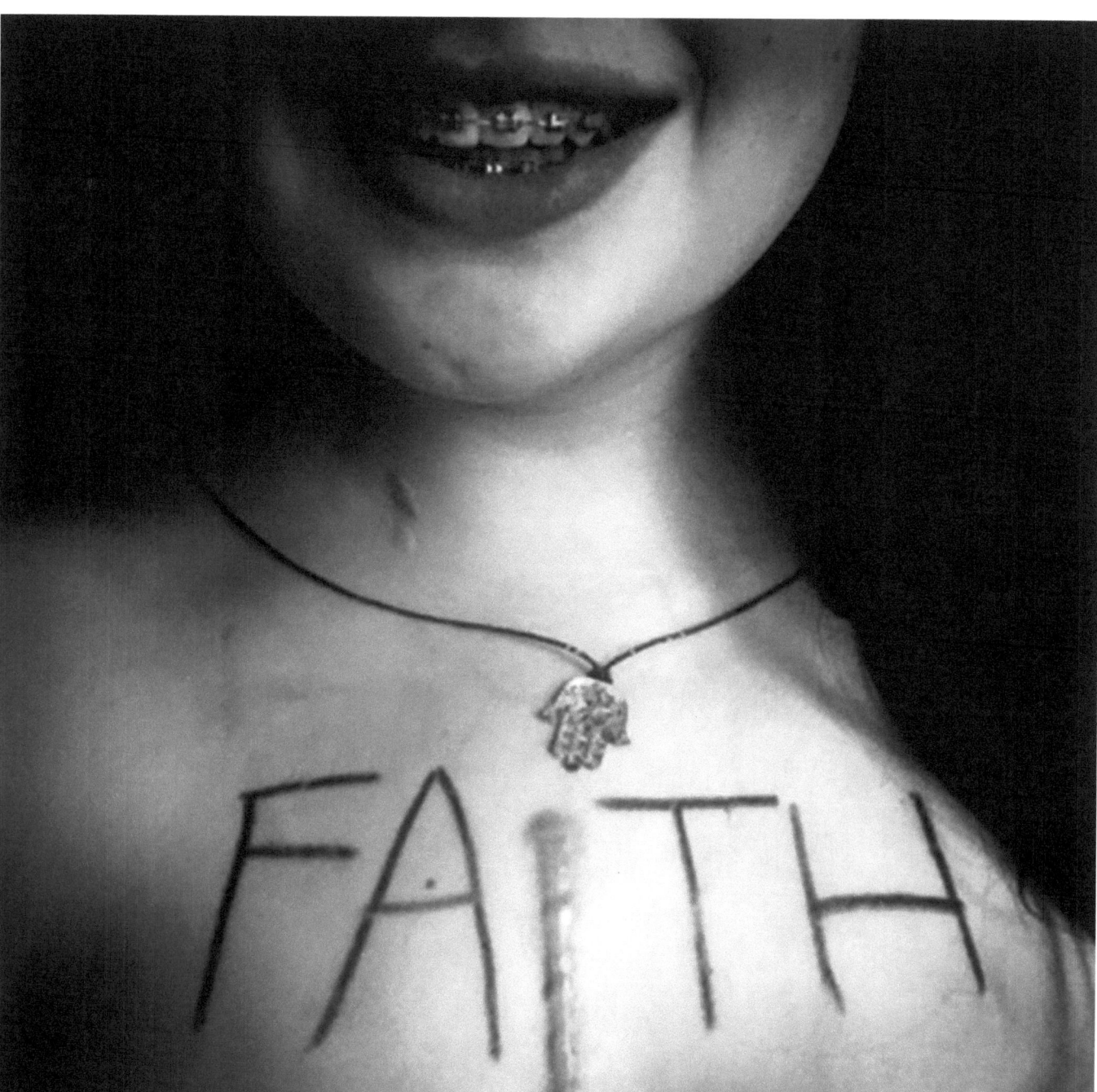

It surprises me when people ask me how I stay brave through the toughest moments, and I have a simple answer; my choices are to give up or give it my all, and giving up is no longer an option.

. . .

Me sorprende cuando la gente me pregunta cómo he sido valiente a través de los momentos más difíciles. Yo les tengo una respuesta simple: mis opciones son renunciar o darlo todo. Rendirse no es una opción.

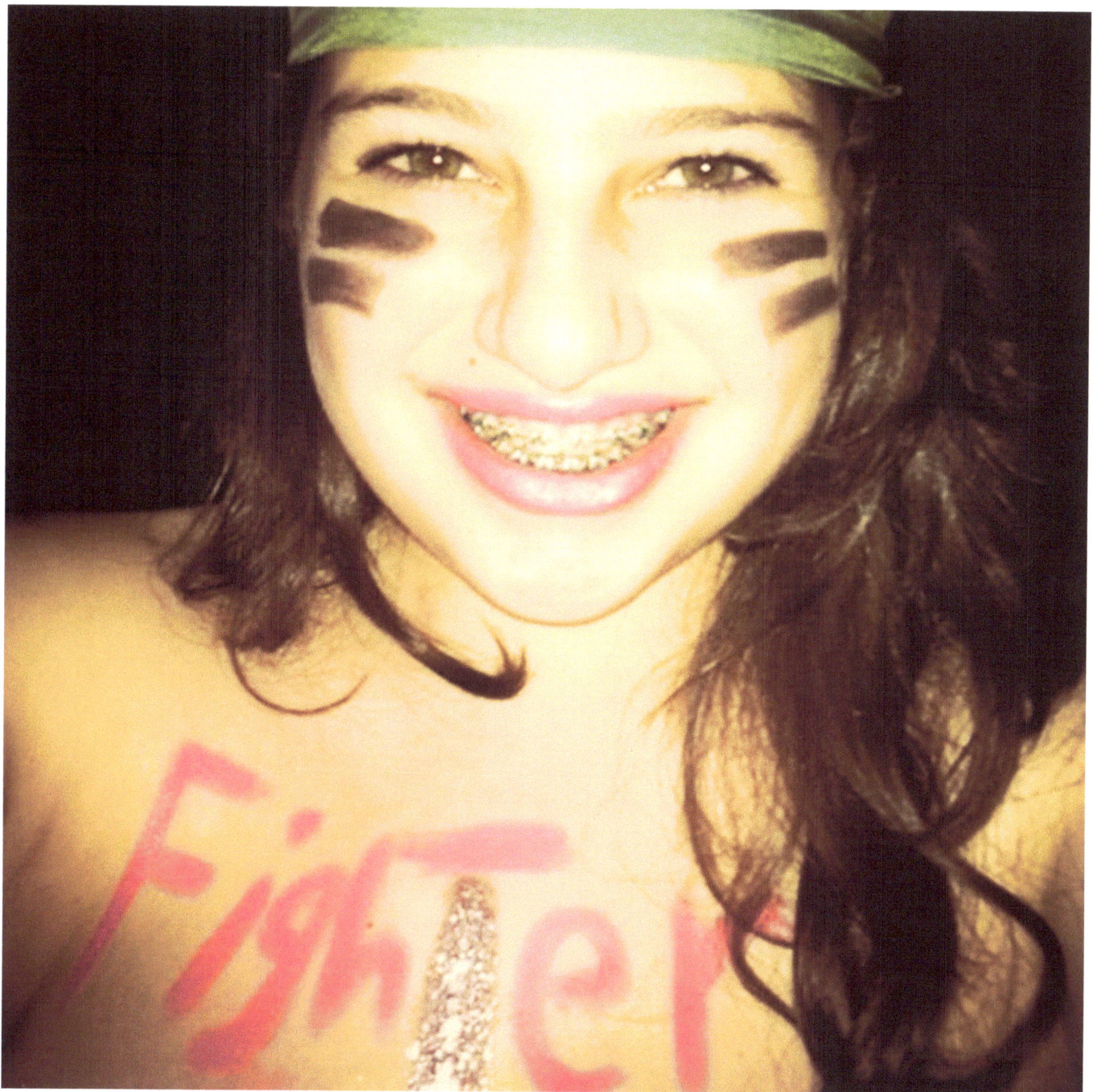

Why not turn something "not that beautiful" into something perfect?
Live!

. . .

¿Por qué no tomar algo que no te parezca hermoso y convertirlo en algo perfecto?
¡Vive!

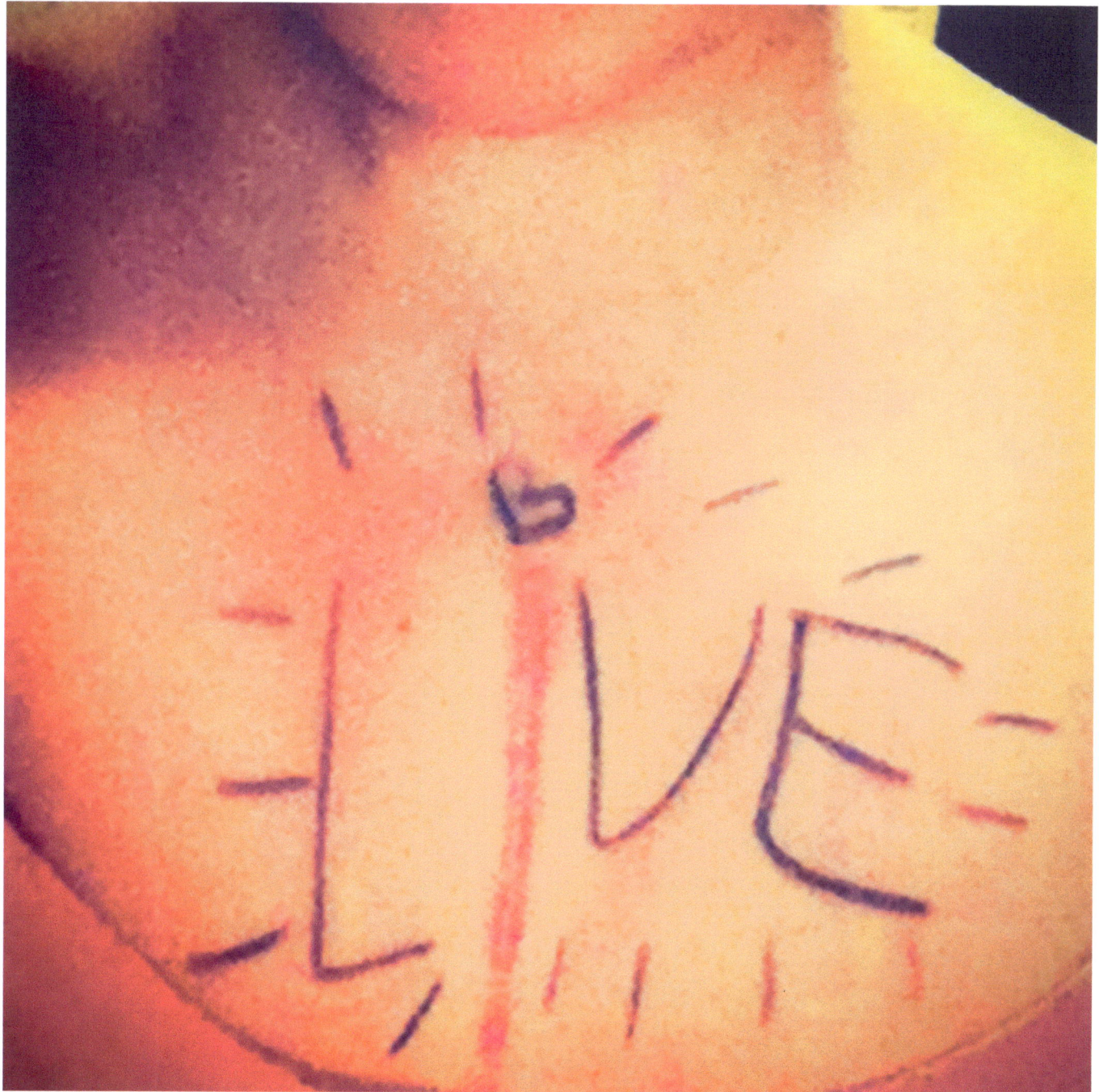

Hope is the voice inside your heart,
telling you everything is going to be ok.

. . .

Esperanza es la voz dentro de tu corazón,
que te dice que todo va a estar bien.

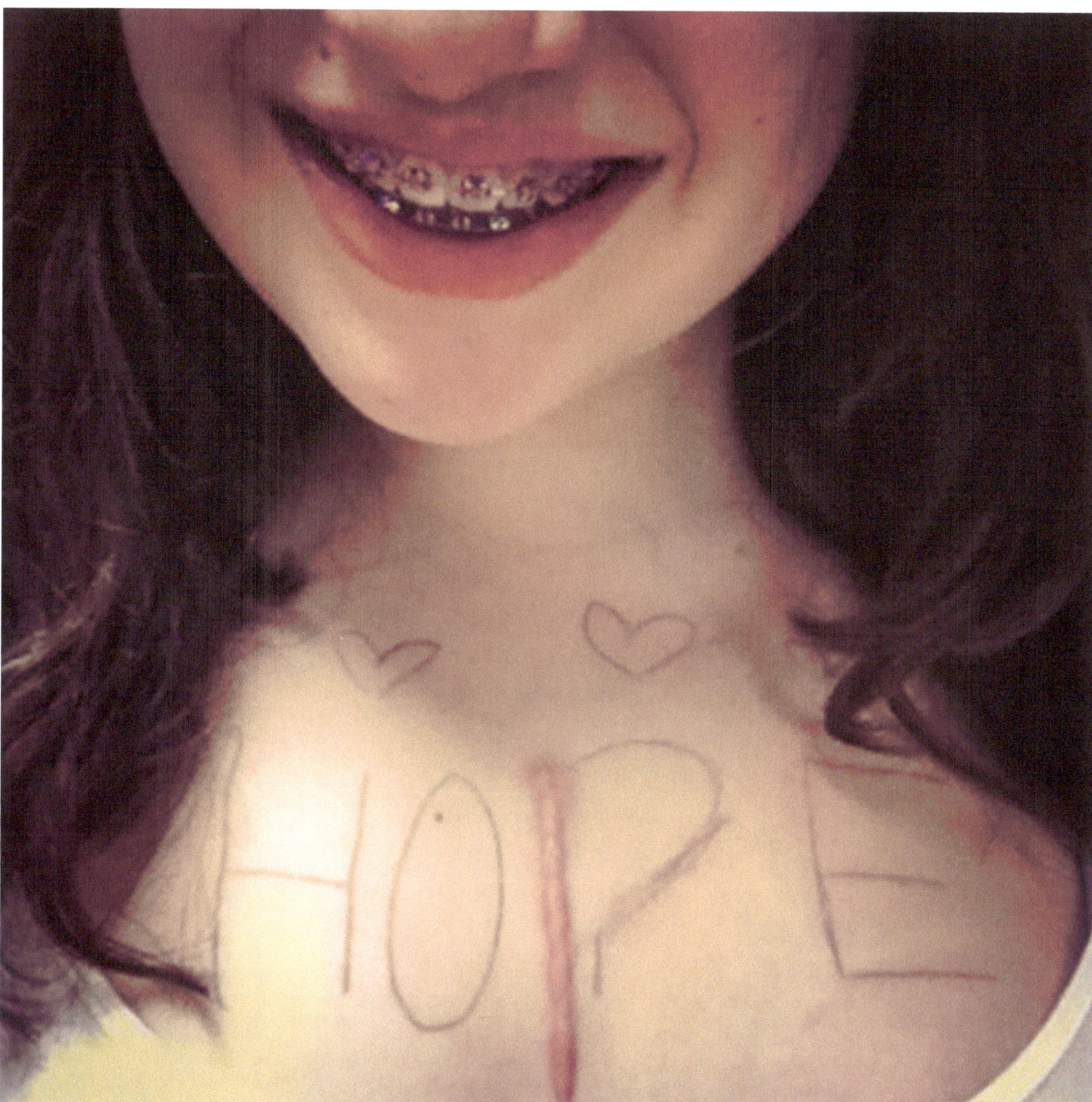

IT'S NOT YOUR SHADE OF LIPSTICK, OR THE BLUSH YOU WEAR ON YOUR CHEEK, IT'S WHAT IS INSIDE YOU, THAT MAKES YOU UNIQUE.

. . .

NO ES TU COLOR DE LABIOS, O EL QUE LLEVAS EN LAS MEJILLAS, ES LO QUE LLEVAS DENTRO, LO QUE TE HACE ÚNICA.

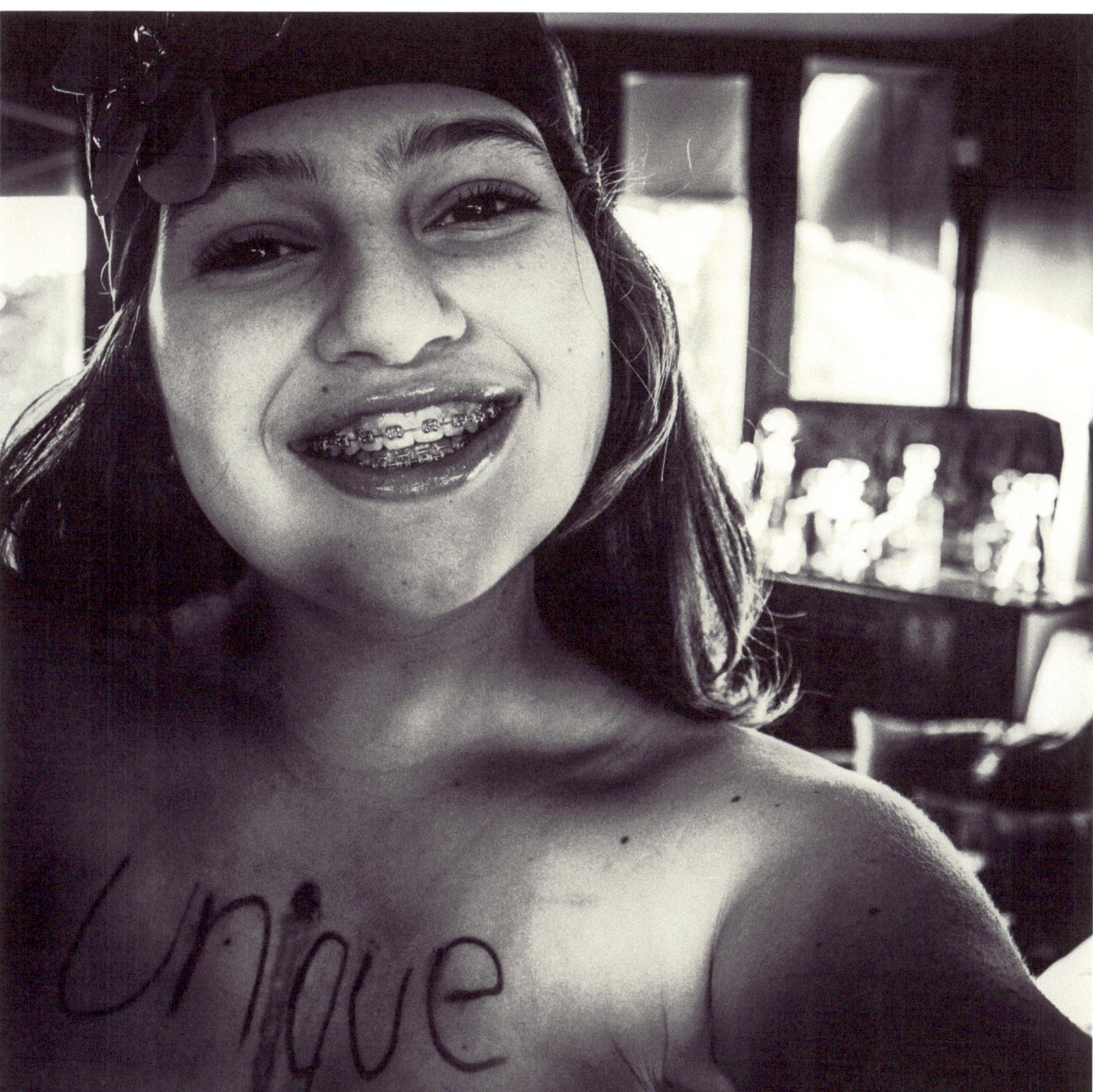

Never let anything or anyone outshine you.

. . .

Nunca dejes que nada ni nadie te opaque.

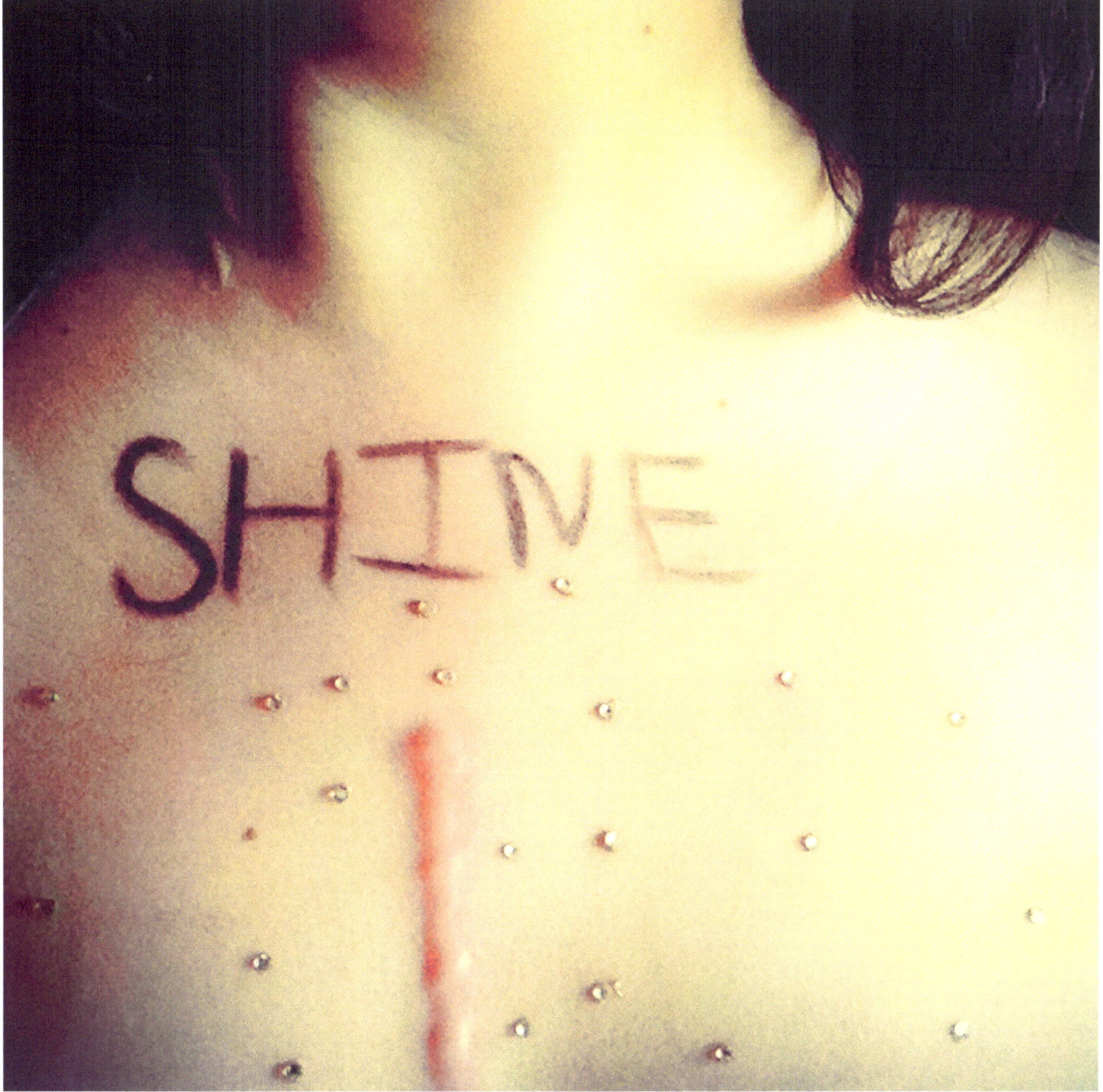

IF YOU RUN AWAY FROM YOUR CHALLENGES, YOU'LL NEVER FIND OUT HOW BRAVE YOU REALLY ARE.

. . .

SI HUYES DE TUS RETOS, NUNCA SABRÁS CUAN VALIENTE ERES.

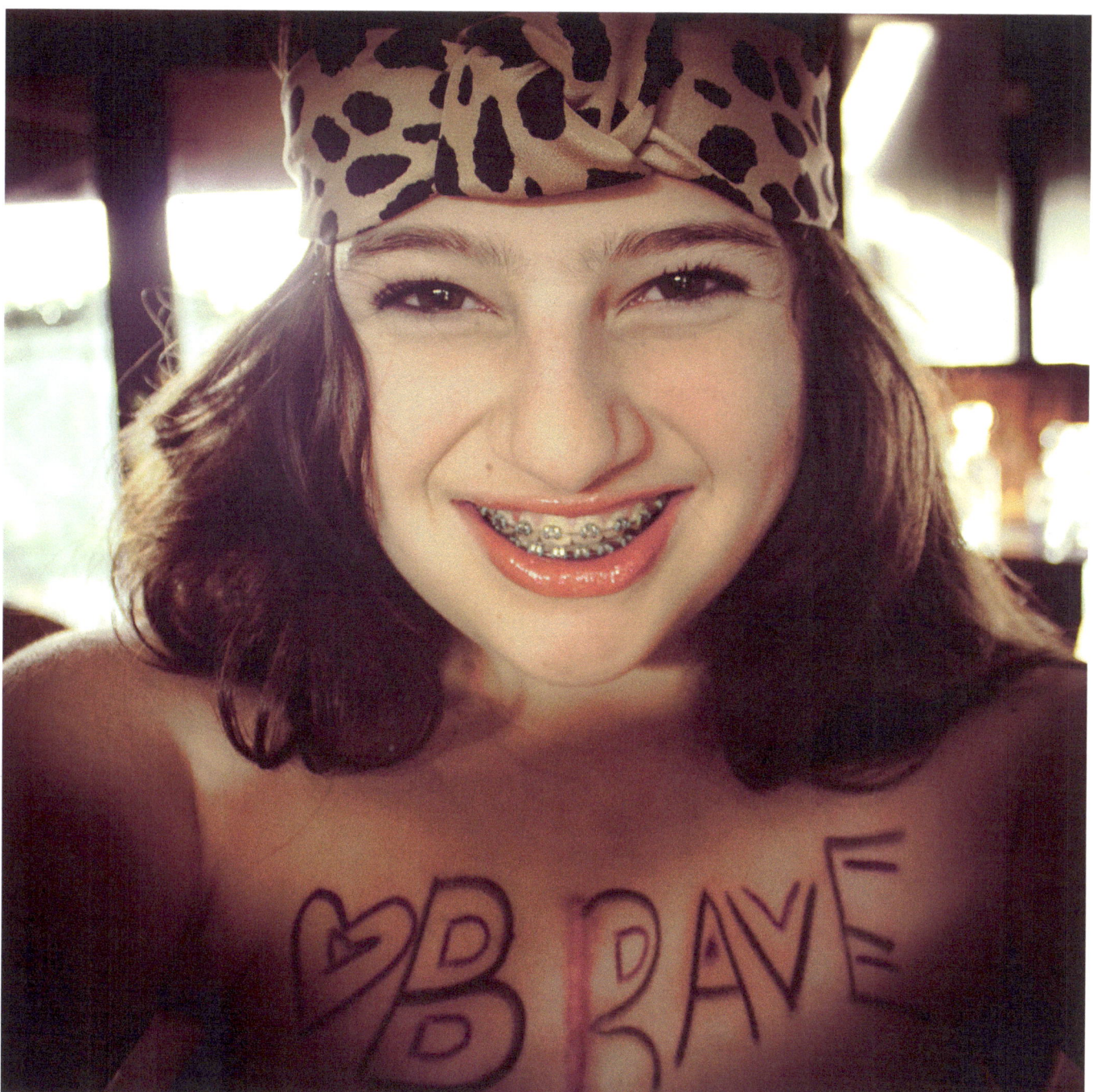

No matter your shape, your size, your stomach or your thighs, your scratches or your scars, you are perfect in my eyes, just the way you are.

. . .

No importa tu forma, tu tamaño, tu abdomen, tus muslos, tus rasguños o cicatrices, eres perfecto en mis ojos, tal y como eres.

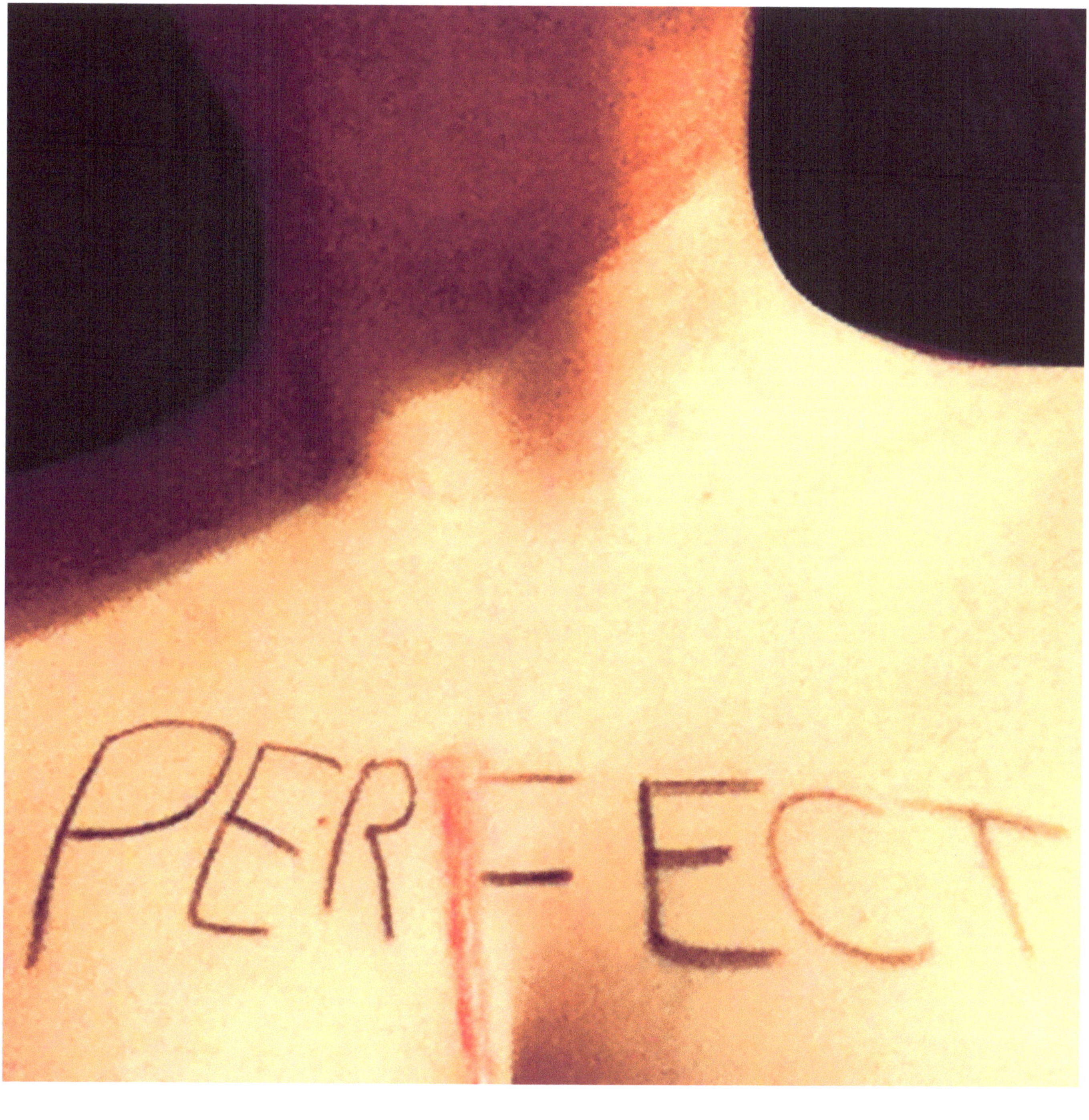
PERFECT

When I think back to the night before my biggest challenge, rather than anxiety, a big smile comes to my face. My toughest moment, was only the beginning, of this new chapter in my life's race. So if you ever feel down, like you need a helping hand, flip back through these pages, and know for sure, that here I am.
Aspire to inspire.

. . .

Cuando recuerdo la noche antes de mi reto más grande, en lugar de sentir ansiedad, me viene una enorme sonrisa a mi rostro. Mi momento más difícil era solo el principio de este nuevo capítulo de mi vida. Así es que si alguna vez te sientes triste, o necesitas una mano amiga, hojea las páginas de este libro.
Aspira a inspirar.

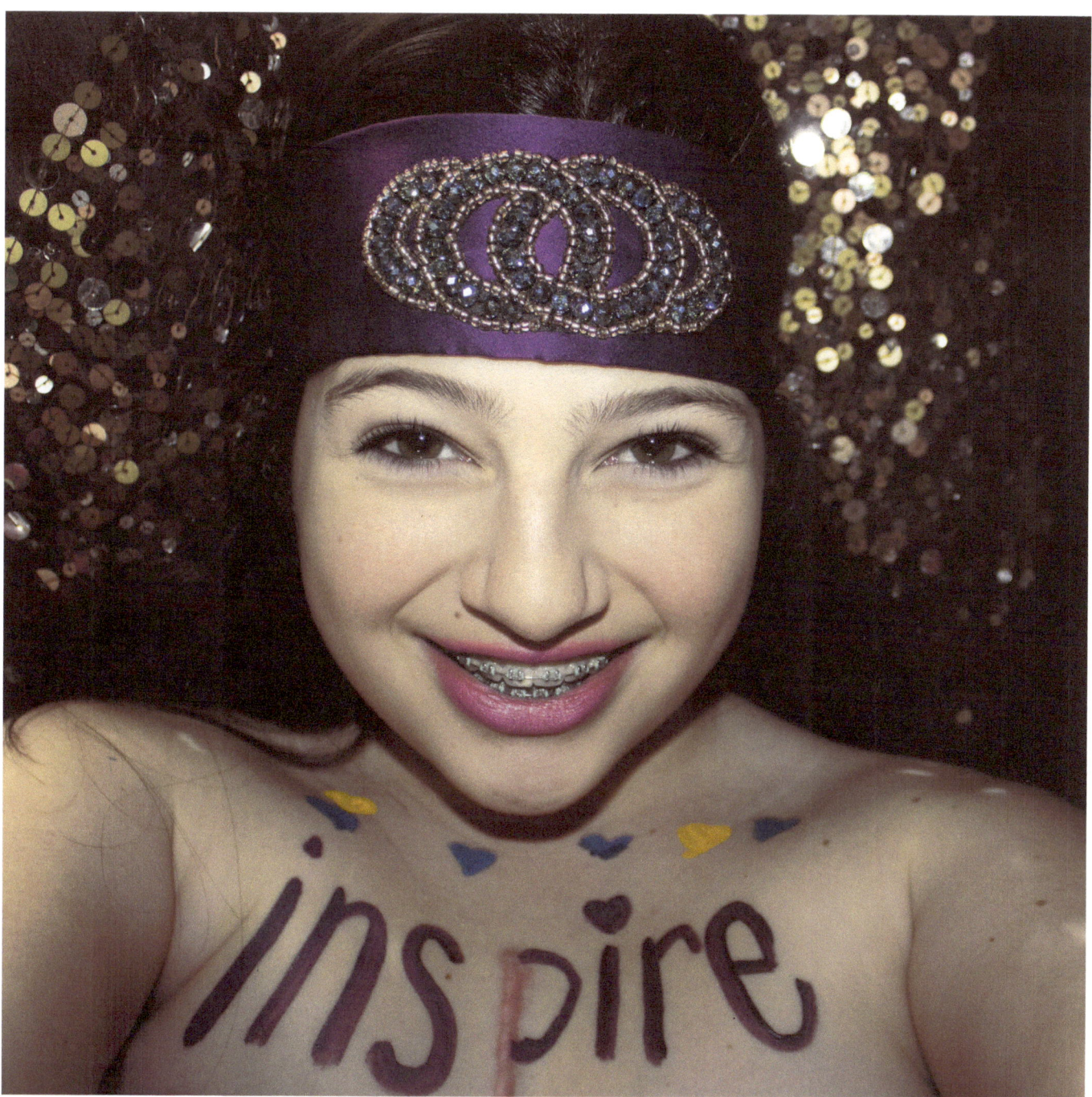

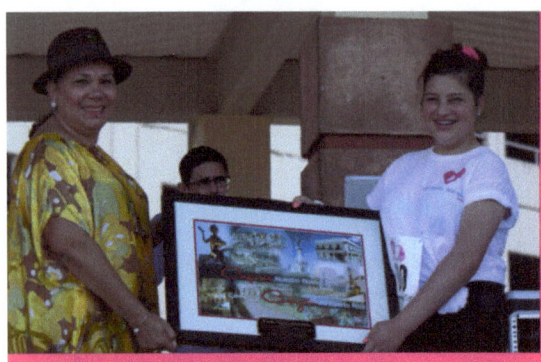

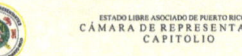

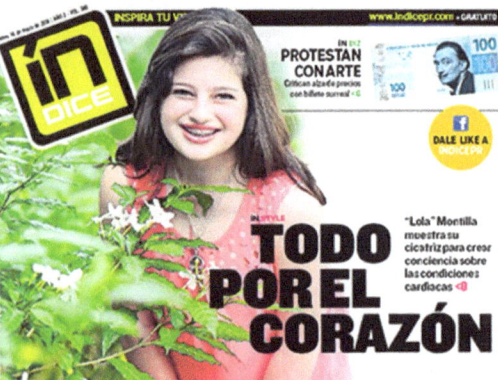
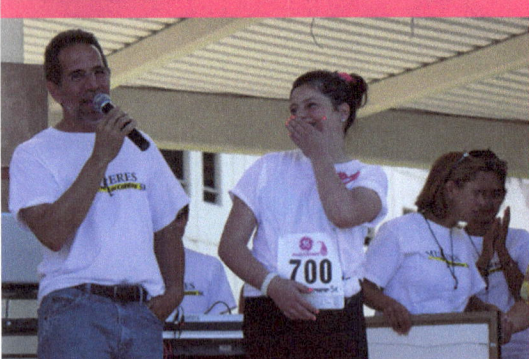

700

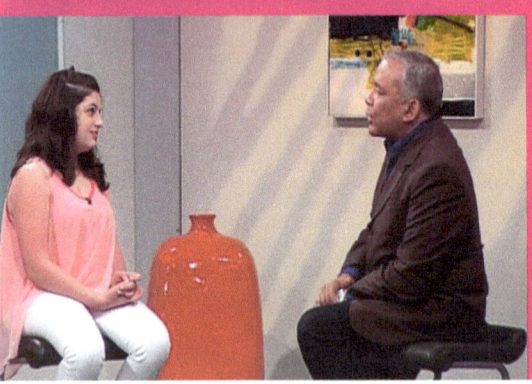

ESTADO LIBRE ASOCIADO DE PUERTO RICO
CÁMARA DE REPRESENTANTES
CAPITOLIO

Moción

Por haber convertido un obstáculo en su cruzada de ayuda e inspiración; por partir de una coyuntura difícil y articular un nuevo comienzo; por hacernos sentir que no estamos desamparados si nos abrigamos con nuestros propios sueños... A sus trece años, Paola "Lola" Montilla Serrano nos ha llenado los corazones de esperanzas e ímpetu de lucha. Tomó su condición congénita, la anomalía Epstein, como estímulo para crear un movimiento que culminó con la radicación del Proyecto de la Cámara 1793. La medida propone hacer compulsoria la prueba de saturación de oxígeno en la sangre a todo recién nacido, antes de abandonar el hospital.

De modo que Lola Montilla no sólo procura su salud, sino la de aquellos que podrían nacer con su condición. Y lo hace desinteresadamente: con madurez adulta y con toda la ternura de la niña excepcional que es.

Por esa labor de consciencia sobre las condiciones congénitas cardiacas, a partir de su experiencia de salud, la reconocemos además como la ganadora del concurso "Rock your Scar": por mostrar con orgullo su cicatriz post-operatoria, como muestra de perseverancia y optimismo. También la distinguimos por ser la primera niña a la que se le dedica el evento "Mujeres en carrera".

Por eso, reconocemos a Lola Montilla para que continúe sobresaliendo en su desprendida senda. ¡Enhorabuena!

Y para que así conste, extiendo y firmo el presente en San Juan, Puerto Rico, hoy 13 de mayo de 2014.

HON. JOSÉ "CONNY" VARELA
Representante

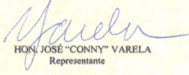

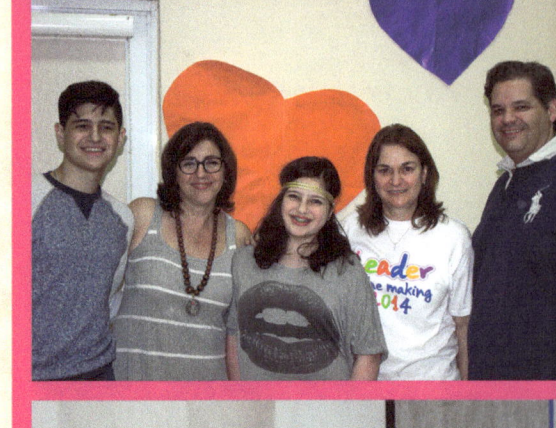

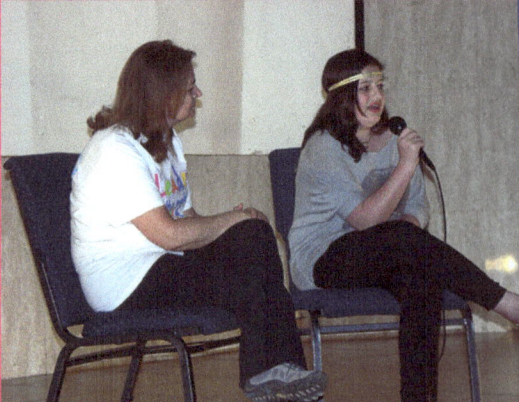

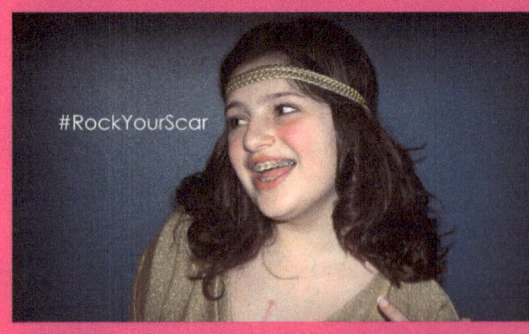

#RockYourScar

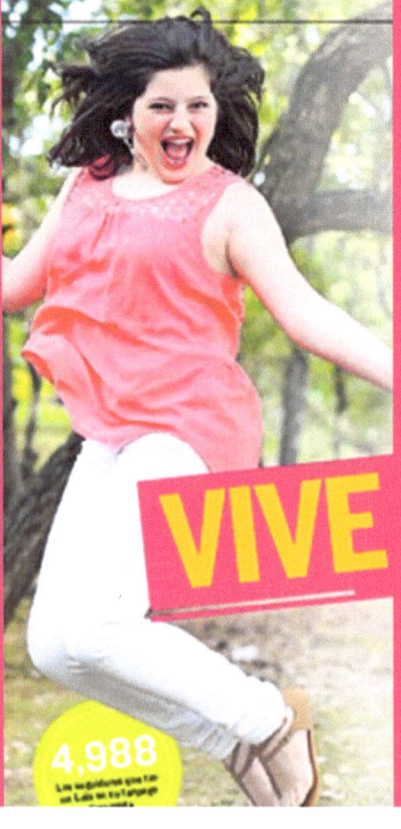

VIVE

4,988

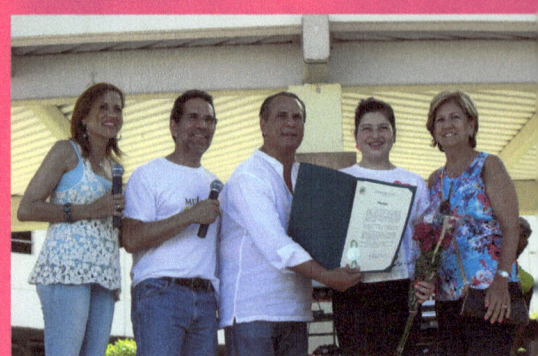

Team Lola

Stay Strong. Stay Brave.

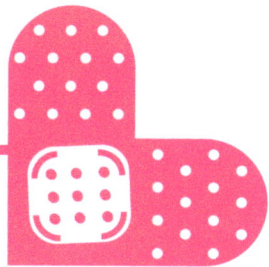

Join me in raising awareness about congenital heart defects and redefining beauty for all of those who have been awarded scars for their strength and courage. If you, or someone you love, are a CHD warrior, I invite you to share your beautiful scars to show the world how beautifully strong you are.

Visit **www.teamlolaonline.com/scars** and raise awareness, one beautiful scar at a time.

Ayúdame a crear conciencia sobre los defectos cardíacos congénitos (CHD), y a redefinir la "belleza" para todos aquellos que han sido premiados con cicatrices, honrando su fuerza y valentía. Si tú, o algún ser querido, son un guerrero CHD, te invito a que compartas tu cicatriz y le muestres al mundo lo hermosamente fuerte que eres.

Visita **www.teamlolaonline.com/scars** para crear conciencia, una hermosa cicatriz a la vez.

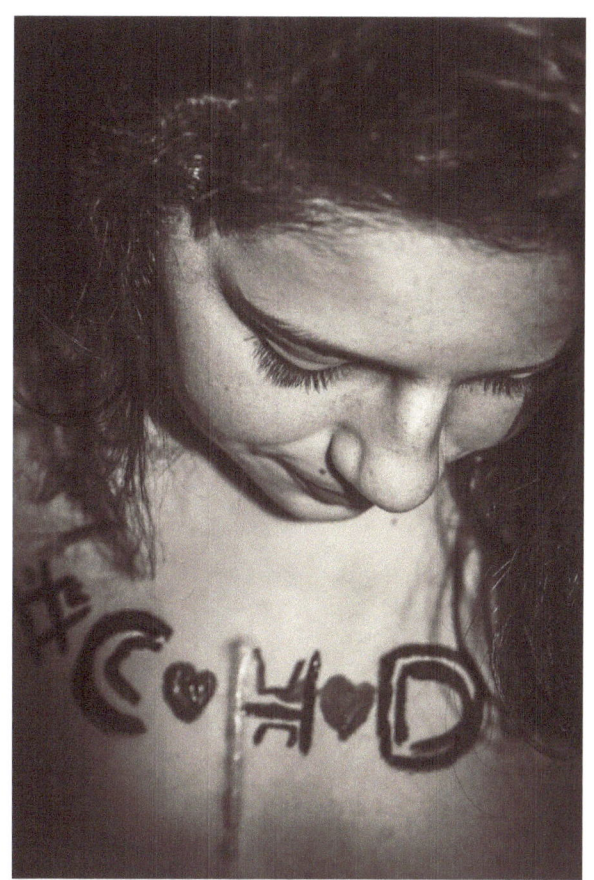

#CHD #1in100 #TeamLola #BeautifulScars